ドキュメント

かんろだい物語

道友社編

初めて教会本部神殿に参拝した人々は一様に驚く。礼拝対象のあるべきはずのところが空間だからである。おまけに向こう側にも参拝者の顔が見えるからである——真座《しんざ》と呼ばれるその空間中央に、十三段の木製のかんろだいが建っている。私たち信仰者の礼拝目標である。明治八年（一八七五）にぢばが定められて以来、その地点に「にんけんをはじめかけたるしよこふに　かんろふたいをすゑてをくぞや」（おふでさき）といわれる「かんろだい」が、お教えどおりの寸法で建てられた（雛型《ひながた》かんろだい）のは、いまをさかのぼること六十年前、つまり昭和九年（一九三四）十月のことであった。従来のお社が取り払われ、本教独自のかたちが具現された、エポック・メーキング（画期的）な事柄であった——六十年という節目に、資料でもって当時を再現し、私たちの信仰の向かうべき方向性を再点検したい。（立教百五十七年十月　編者）

かんろだいの形・大きさ

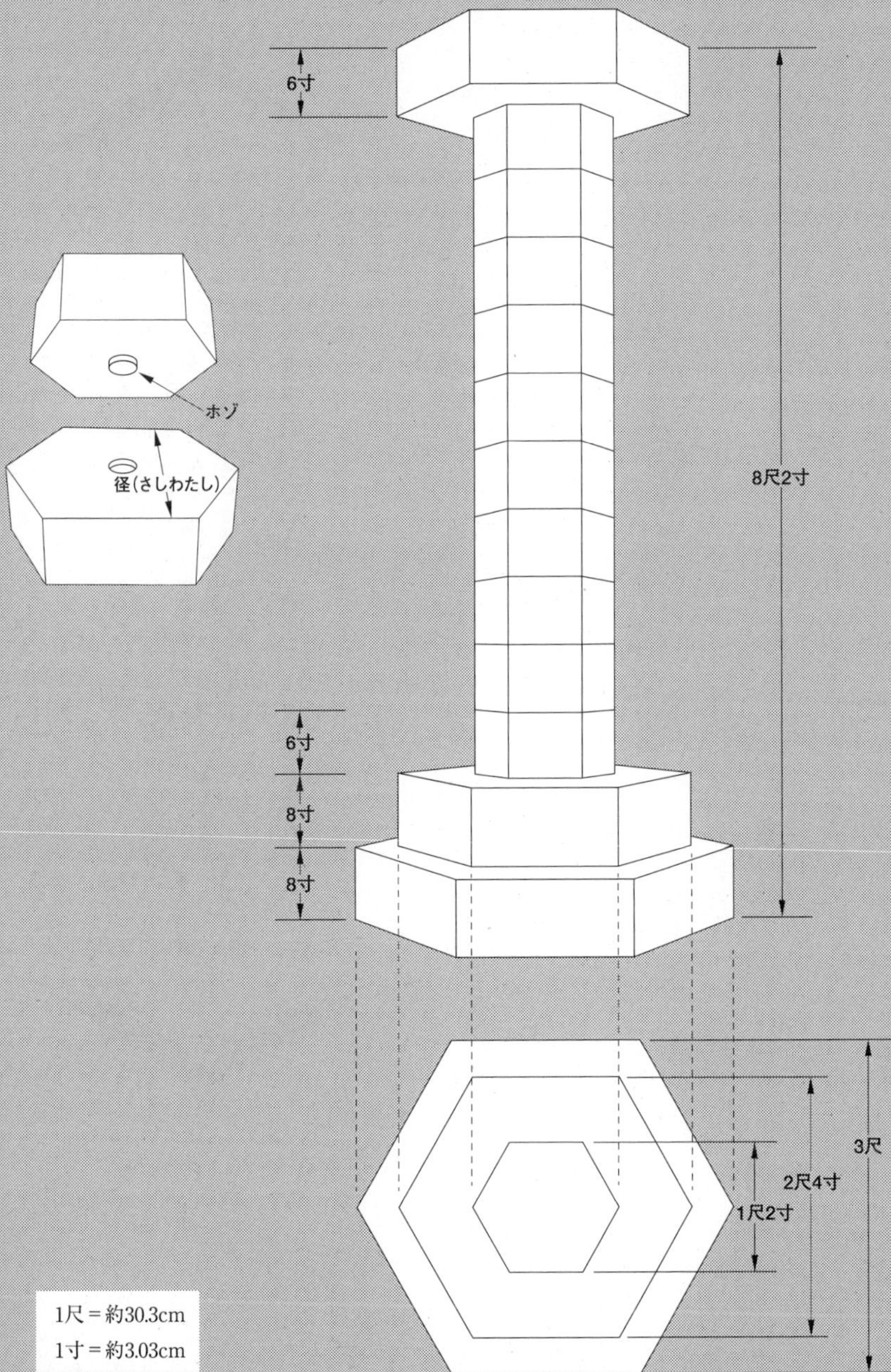

1尺＝約30.3cm
1寸＝約3.03cm

立教九七年・一九三四年

ドキュメント

昭和九年十月

二十四日　神殿遷座祭／二十五日　神殿・礼拝場落成奉告祭

神霊甘露台に遷座し
けふ厳粛な天理教大祭
長蛇の如く続く信徒大衆で丹波市①は大雑踏

天理教の今二十四日執行される神殿遷座祭は同教に取つては本紙既報の如《ごと》く信仰目標を一変する画期的重要祭典とされてゐ《い》る、即《すなわ》ち立教当時教祖予言の甘露台中心の信仰となり天理教本来の信仰に立返《たちかえ》る重大意義を有するものとして従来の神殿は除かれ十柱の神霊は甘露台に遷座され〝四方正面鏡屋敷〟のお筆先《ふでさ》き②通り四方より参拝出来得る訳である同教の神聖視する甘露台は明治二年石工により建設に着手したが忽《たちま》ち砕けたため③その時機にあらずとして今日に立至《たちいた》つたが今回奇瑞《きずい》

①山辺郡丹波市町。本部のある三島、川原城等の旧20カ村を含む。

②四方正面鏡屋敷はおさしづに見える言葉で「このやしき、四方正面、鏡やしき」（明治20・4・23）などとある。

③かんろだいの石普請は明治14年に行われ二段まで出来るが、石工が突然いなくなり頓《とん》挫《ざ》、15年警察に没収された。

により管長④が高知で名木を得たので天理大神⑤の啓示として木造十三段九尺にわたる甘露台の雛形《ひながた》が作られ、神殿中央に建設し全世界に同教の布教された時理想の石造甘露台が初めて実現されるものと称されてゐる……

（『大阪毎日新聞』10月24日号）

秋雨烟《け》むる今宵　親神様御遷座終る
お屋敷埋めた十数万参拝者
崇厳裡《り》、曠古《こうこ》の大典

感激の夜は来た、昭和九年十月二十四日、六百万教信徒が永遠に銘記すべき日！木の香もかぐはし《わ》い新神殿甘露台に親神様を御遷座申し上げる喜びの時は遂《つい》に来たのだ、この日朝来、丹波市仮駅⑥に引《ひっ》きりなしに到着した臨時列車は実に四十六本を数へ《え》、天理駅⑦からは七分毎《ごと》に物凄《ものすご》い人波が吐《は》き出され、おぢばは全く人、人、人の渦、身動きもならぬ雑踏、二十万を超ゆる群は本部へ、本部へと流れ込み、照明灯に不夜城と化された中屋敷一円を埋めつくした

昨夜来降りしきつた秋雨あがり薄暮迫るころには参拝者は殿内外を満《みた》し後から

④中山正善二代真柱のこと。
⑤天理大神…当時、記紀にない神名は許されなかったため、公式の神名とされていた。
⑥国鉄丹波市駅、現ＪＲ天理駅。
⑦大阪電気軌道（大軌）、現近鉄の天理駅。

〱引切《ひっき》りなしに詰めかけて来る、木の香も真新しい礼拝殿は白地に梅鉢の紋章を染抜《そめぬ》いた幔幕《まんまく》を引きめぐらされ、秋の雨催《あめもよ》ひの空にクッキリとその聖姿を描き出し晴れの式典を待つ、……

■

殿内では楽人が着席した、やがて八時過ぎるを十七分指図方松村吉太郎《まつむらきちたろう》氏⑧が祭典開始、けふ《きょう》の盛儀の意義を宣《の》べる声が各所にとりつけられた大拡声器から朗々と流れ出て来る（注・別掲）、期せずして起《おこ》るのは夜空を圧する拍手だ、今まさに感激の時が来ようとしてゐ《い》るのだ、「南無天理王命」の神名を小声に繰返《くりかえ》す老婆、子供を背に濡れた小石の上に殆《ほと》んど額づかんばかりの若い婦人、頰《ほお》を伝《つと》ふて下るは感涙だ！寂《せき》として静まり返つたお屋敷に響き渡る劉喨《りゅうりょう》たる奏楽の音、管長以下の参列者が仮神殿に参進したのだ、次いで管長が奏上する祭文が静かに静かに聞《きこ》えて来る、並ゐる者、皆襟《えり》を正す、刻々に実況を報ずる拡声器は式の進みつゝあることを知らせる、やがて一斉に消灯される、御神位の渡御《とぎょ》に移つたのである、微《かす》かに響いて来る道楽《みちがく》の音、またしても湧《わ》き起るのは拍手だ、身動きもならづ立ちつくした信者の感激は最高潮へと昇りつめ、広い中屋敷一円を覆ふ《う》ものはたゞ歓喜の一色だ、そこ、こゝから感極まつた嗚咽《おえつ》も聞こえて来る

やがて御神位は真座に着御、管長の御祈念が終《おわ》るや殿内に拍手が起り、殿内外は再び明々と照らし出される

⑧本部員。髙安大教会初代・三代・五代会長を務める。常に全教布教活動の先頭に立ち、推進役となって活躍した。

遷座祭祭文
……只今より真座の中央ぢばひながた甘露台に親神様を御鎮め申上《もうし》げようと存じます、四方正面の理も聞かして頂いて居りますので、御思召とは遠い乍《なが》らも形だけを造らせて頂きました……

無事に御遷座されたのであるこれで六百万教信徒が多年憧《あこ》がれて止《や》まなかつた甘露台に親神様がお遷《うつ》り遊ばされたのだ、何といふ喜び何といふ感激ぞ！　参拝者一同の心も自《おの》づと勇《も》まうといふもの、こゝに名実ともに甘露台中心の信仰にわれらは立ち返つたのだ、親神様の大理想の世界実現へわれらは大きく一歩を踏み出したのだ、果て知らぬ歓喜の渦はこの晴れの盛儀に参ずるもの総《すべ》てに押し拡がり、形容を許さぬ一種異様の空気がおぢば全体を包んでしまつた……（午後十時記）

御遷座祭の趣旨

松村吉太郎

……今回の御遷座は只《ただ》単に新殿に御遷《おうつ》りを願ふ《う》と云《い》ふ《う》以外に非常に重大なる意義があるのであります、即《すなわ》ち之《これ》を形の上から申しましても、本日の御遷座と同時に今迄《まで》のお社は取払《とりはら》は《わ》れ、甘露台を目標とし中心として四方から親神様を礼拝することが出来るやう《よ》になるのであります、これは正に本教として画期的の事であります、而《しか》して更《さら》に「悪《あ》しきを払《はろ》ふ《う》て助けせきこむ一列澄まして甘露台」なる神意に立脚してこれを観《み》るならば、之正《これまさ》に甘露台建設への親神様の御理想の一端を実現し、神意達成の第一階梯《かいてい》を踏出《ふみだ》したことになるのでありまして、親神様も定めし御満足下さることであらう《ろ》と、御道のお互《たがい》として斉《ひと》しく云《い》ひ《い》知れぬ歓喜を感ずるのであります……

（以上『天理時報』10月24日　第二号外）

鎮座祭祭文

……神殿の改築と礼拝殿の増築をさせて頂きました、とり別《わ》け神殿は親神様の思召に則《のっと》り芯を土台に四方正面に形造りひながたではありますが、木製の甘露台をも造らせて頂きました、従つて今後は陽気神楽のつとめを始め一切の神事をお言葉に則り勤行させて頂き度《た》く存じて居ります……

深夜秋雨に濡れつゝ
遷座を拝す信徒大衆
昨夜お地場は傘の波に埋まり
天理教輝く大祭

天理教都丹波市町は廿四《二十》日の大祭を迎《え》へて終日大雑踏を呈した、この日信仰の大衆は雨も物かは朝来省線⑨大軌着駅ごとに数百千と吐《は》き出されお地場への参道は傘、傘、傘で埋められた、団参信徒は満州五百朝鮮一千樺太六百台湾⑩二百上海天津、北米等各五十名の遠来信者をはじめ内地全国からの参拝大衆十万を算して大祭気分はさらに高潮しお地場大小八十五ケ所の詰所はいづれも満員の状態である神殿、新拝殿は随喜渇仰《ずいきかつごう》の信者に満ちて文字通り天理王国の盛大さを物語つてゐ《い》る、同日午後六時半から親神様御遷座の同教にとつての大祭儀が行《わ》はれたが万灯絶えた暗黒裏に中山管長以下最高幹部が奉仕して神秘極まりなき同教独自の式典が執行されたが深夜雨中にこの天理教の大典を拝する信徒は大境内に満ち溢《あふ》れ天理教の偉大な教勢を如実に展開した

⑨省線…国鉄（現ＪＲ）のこと。
⑩満州は現中国東北部、樺太はサハリンの日本語名。当時、日本の統治下にあった。

〝心のふしん〟の完成を
甘露台雛形の建設にあたり中山管長[11]感激して語る

……今回の大祭執行にあたり中山管長は感激して左のごとく語る

今回の新礼拝殿の建築は本教信仰の中心たるべき「甘露台建設」の教義に基づいたものでこれがため六百万信者は真に心身を傾倒したのでありますが本日その新殿において厳粛な遷座の祭典を執行しまして衷心から悦《よろこ》びに堪《え》へない次第であります、これで教祖五十年祭立教百年祭に対する準備の一階梯《かいてい》をを《お》へ《え》たわけでありますが、なほ《お》私達が目指す

神殿落成遷座祭の神苑（10月24日）

⑪中山正善二代真柱は、初代真柱出直しに伴い大正4年数え11歳で管長職を継ぐ（山澤為造管長職務摂行者）。昭和4年東京大学卒業、同4月25歳の誕生日を期して教務に専心される。なお管長の呼称が真柱になったのは昭和21年から。

人類の「心のふしん」の完成を一日も早く実現するため今回の雛形《ひながた》甘露台をさらに押し進めて親神様の思召《おぼしめし》である陽気暮《ぐら》しの時代の顕現に猛進して邦家《ほうか》は勿論《もちろん》世界のために尽《つく》さして頂きたいと思ふ《う》のであります

（以上『大阪毎日新聞』10月25日号）

お勤めに就いて松村氏の講演
二十六日大祭に

昨日の奉告祭に続き本日の大祭の祭儀を御覧の方は一様に感を深《ふこ》うせられたでありませう《しょう》本日の祭典を機として従来の様式を一変して甘露台を中心に紋付で立ち勤めといふ《う》ことになり、祝詞《のりと》も祭文となり装束を付けた祭儀式はなくなりました、……抑《そもそも》お道の最初は拍子木を叩《たた》いて「南無天理王命」を繰返《くりかえ》してゐ《い》たのですが慶応三年正月より八月迄《まで》に十二下りの御作製あり、明治七年旧六月十八日お道具が出来て始めて神楽《かぐら》勤めが行は《わ》れました、⑫鳴物が全部入つたのは同十三年旧八月廿《二十》六日で、この前後から世間の圧迫が加は《わ》り御教祖昇天の折に拘留を覚悟でされたのであります、処《ところ》が明治二十一年朝夕の勤めが現在の様になり、神道本局に部属すると共にその祭儀式を執り入れ、更《さら》に廿九年内務省秘密訓令に強制されて

⑫慶応2年に「あしきはらひたすけたまへ……」が教えられ、明治7年教祖が前川家へかぐら面を受け取りに行かれたのは陽暦の6月18日とされている。

完成した神殿・礼拝場と教祖殿

歓び溢れる丹波市

荘厳な大神殿 落成奉告祭

本社機の鮮かな祝賀飛行に

雲集の信徒感激す

人類平和の建設を

中山管長の挨拶

旱害に次ぐ風害で

小作争議が増加？

特高課防止に乗出す

神殿・礼拝場落成奉告祭を報じる10月26日号の『大阪毎日新聞』

神名が天理大神となり、お勤めは御面を机上に置き坐《すわ》つてすること、立勤《たちづと》めは男ばかりで行《い》ひ三味線胡弓《こきゅう》が琵琶《びわ》八雲《やくも》に変《かわ》つたのであります、……独立後には神名を元の「天理王命」に改め朝夕の勤め「あしき払ひ」廿一遍が復活しましたが、⑬これを見ても本教祭儀は世間の圧迫乾《干》渉により迂余《うよ》曲折の道を通り色々と変遷して来たので元々教祖存命当時は御神楽《おかぐら》が助けの台であり唯一の儀式だつたのでありますそれが一時とは申せ世界応法《おうぼう》の道を通らなければならなかつたことは誠に我々道の子供として不甲斐《ふがい》ない申訳《もうしわけ》ないことであります、然《しか》るに今や両年祭⑭を迎へ《え》世の立替《たてかえ》、道の立替の時旬に際し教祖時代の信仰に立返《たちかえ》ると共に本教の祭儀が一変し本然の姿になり御神楽三昧《おかぐらざんまい》のお勤めが出来ることは神様の深い思召《おぼしめ》しでありますが一部世界の識者のいふ如《ごと》く新しい力に生きてゐる天理教が古い一切の矛盾を捨てゝ本来の姿になり新しい内容に対する新しい形式を備へたことは当然のことでありませう、そこで最も大切なことはお勤《つとめ》の形式と共にその精神も教祖時代に復活させ今日の祭典を益々《ますます》意義あらしめなければならないと思ふのであります

（『天理時報』11月4日号）

⑬本教が一派独立認可を得たのは明治41年11月で、朝夕のおつとめが復元されたのは大正5年10月のこと。

⑭昭和11年の教祖五十年祭と12年の立教百年祭のこと。

雛型かんろだいが建つまで

◎昭和五年十月二十六日　両年祭に関する諭達第五号公布

「昭和十一年一月ヲ以《もっ》テ教祖五十年祭ヲ奉仕シ　更《さら》ニ翌昭和十二年十月ヲ以テ本教立教百年祭ヲ執行スベキコトハ曩《さき》ニ達示シタル所ナルモ　尚《な》ホ普《おあまね》ク教師、教徒及ビ信徒諸子ノ自覚ト奮起トヲ喚起シ　一手一《いってひと》ツノ赤誠ヲ結ビテ時旬ノ活動ニ遺憾ナキヲ期センガタメ　茲《ここ》ニ論告スル所アラントス

由来本教ハ『ふしからめがでる』テフ《という》神言ノ如《ごと》ク『ふし』ト共ニ教勢進展ノ道程ヲ重ネ来《きた》リタルコトハ本教歴史ノヨク之《これ》ヲ明示スル所ナリ　就中《なかんずく》教祖年祭ノ『ふし』ハ何《いず》レモ其《そ》ノ最モ顕著ナル事例ニ属スルモノト云《い》フ《う》ベシ　而《しか》シテ今ヤ我等《われら》ハ教祖五十年祭ノ『ふし』ヲ迎《え》ヘントス　而《しか》モ之ニ加《くわ》フ《う》ルニ立

教百年祭ノ『ふし』ヲ以テス　蓋《けだ》シ本教ニ於《おい》テ立教ヲ記念スベキ祭典ヲ執行スルハ今次ヲ以テ是《これ》ガ嚆矢《こうし》トナス　寔《まこと》ニ空前ニシテ且《かつ》二重ノ大『ふし』ト云フベシ……

天理教管長　中山正善」

◎昭和五年十月二十八日　第三回教義講習会開催（三十日まで）

両年祭について

◎昭和六年一月七日　教祖殿、神殿建築計画発表

「……昨年末及《およ》び今春劈頭《へきとう》の本部員会議で決議されるに至つた重要事項の第一は教祖殿の大改築である。……現在管長邸西側神殿より北方へ渡廊《わたり》下に依《よ》り連《つらな》つてゐ《い》る教祖殿は大正二年八月上棟式を行つたものであるが、其後《そのご》の本教の大発展と来《きた》らんとする立教百年、教祖五十年の大祭典は先《ま》づ教祖殿の大改築を招致せざるを得ない状態となつた。

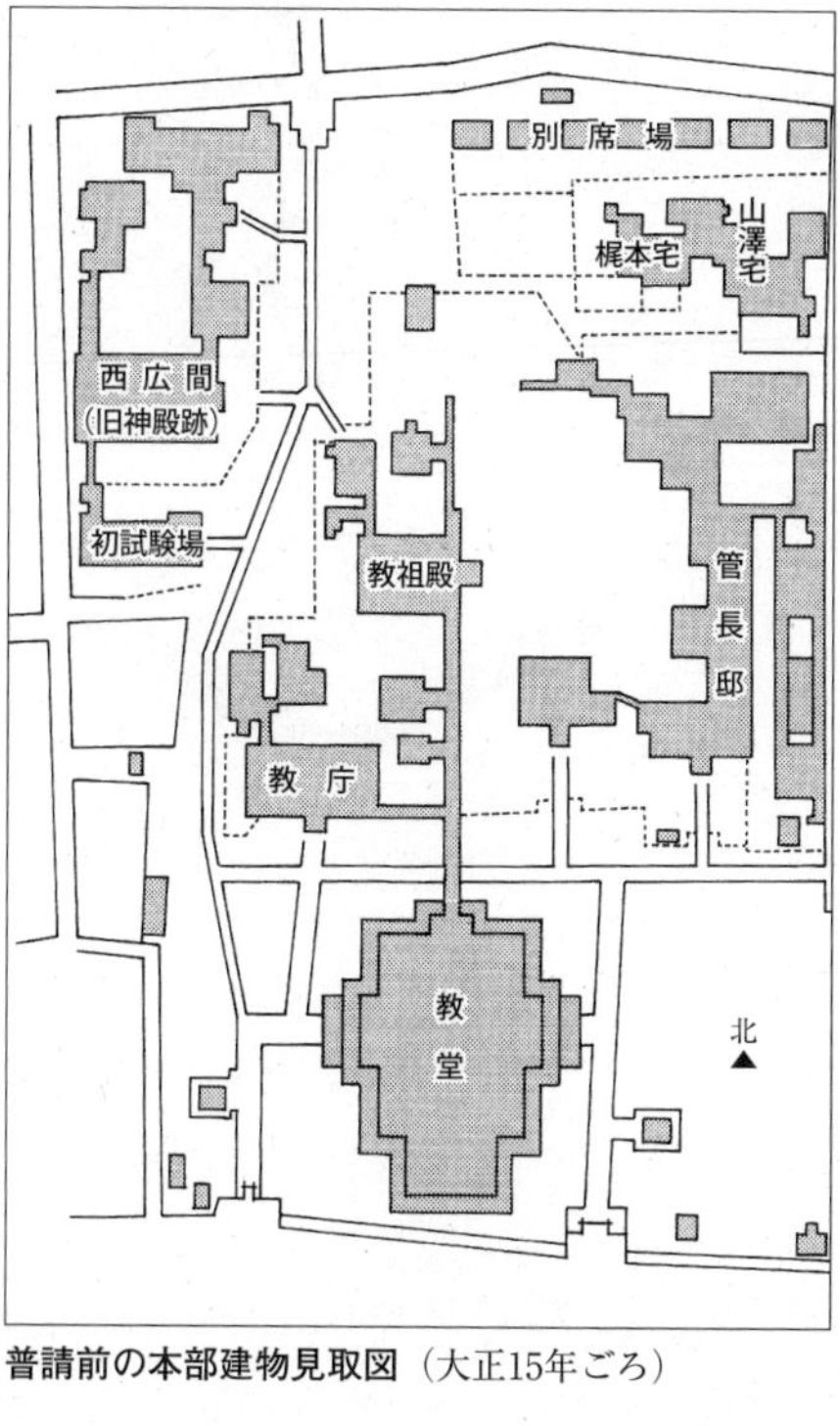

普請前の本部建物見取図（大正15年ごろ）

即《すなわ》ち、東側の管長邸を更《さら》に東方に移し、現在の教祖殿をみたまやと御用間の二棟よりなる大教祖殿とするのであるが、新教祖殿の御霊屋は十間と十二間の建築物で周囲に一間半の廊下が廻《めぐ》らされてある。而《しか》して教祖の御霊は『存命の理』に依り今なほ生《お》きてゐられるのであるから、御霊屋の後方に十二間に十八間の御用間を建造する。之《これ》は周囲を二間の廊下で廻らし居間寝室、其他《そのた》湯殿便所にいたる迄《まで》御存命されるに不都合なき様各室を準備して教祖に仕《つか》へ奉《たてまつ》るのである。そして、おさづけ、おゆるし事情のおゆるし等は教祖に代《かわ》つてなさるものであるから、自然此《この》御用間に於《お》いて行は《わ》れることになるとのことである。

……」

大正２年に新築落成した神殿（右が神殿で、左が現北礼拝場）

「上記教祖殿改築に次いで行はれるものは本部仮神殿の拡張である。現在の神殿は明治四十四年十月起工式を挙げて其工事を始め明治四十五年十一月上棟式を行ひ《い》大正二年十二月に落成を見たもので[1]、南北の位置をとり、十七間四方の教堂と、南端の方五間の神殿及び甘露台よりなるが、二間の廊下も加へ《え》て約一万の信徒を収容し得る尨大《ぼうだい》なものである。併《しか》し明治四十四年に建築されたものが急速な発展を重ねてゐる本教の昭和六年、否《いな》更に昭和十一年及び十二年の立教百年祭、教祖五十年祭に於《お》ける多数信徒を迎へんとするに際して狭隘《きょうあい》を告げることは当然である。仄聞《そくぶん》する処《ところ》に依れば、新しく増築されんとしてゐるものは、現在の教堂と同様の物を更に一棟南方に増築し、神殿を取り除き甘露台に向《むか》つて北面して拝することになる。即《すなわ》ち旧拝殿と新拝殿は相対して甘露台を参拝する。教祖の予言の『四方正面鏡屋敷』なる意味へ具体的に一歩を近づけたものと云《い》ふ《う》べきであらう《ろ》。……」

（『天理時報』1月15日号）

◎昭和六年六月二十六日　神殿、教祖殿起工式

◎昭和八年一月二十七日　第四回教義講習会開催（二十九日まで）

神殿増築おやしき拡張、人類更生[2]、子弟教養の三方針提唱

①現在の神殿とは、今の北礼拝場とその南に接していた神殿のことで、教祖殿（現祖霊殿）と併せて大正普請と呼ばれた。

②すべての人間がだめの教えにふれて生まれかわること。そのためにまず日本人全部をおさづけ人にしようと提唱された。

絵・小松原義則、文・上田理太郎（『普請回顧』から）

抗《くい》打《うち》

曠《こう》野《や》に沈む夕陽を負《お》ふてハンマーを振つてゐる杭の上の男、垂れた頭髪と上衣《い》の破れとが逆光の加減で強い印象を見せてゐる、これは何かの雑誌で見たソヴエート五ケ年建設の気分を満点に表現したものである、赤インクに黒インクを注いだやう《よ》な気分にソヴエートの実感が迫つてゐた。然《しか》し建設の街おぢばにはこの種の陰影ある線は見ぬ。図は神殿敷地杭打《くいうち》の様子であるが、合掌に作業を終始する日之寄進《ひのきしん》人衆の姿は陽気だ。「ふしぎなふしんかゝればやれにぎわしや」と云《い》ふ《う》おことばその儘《まま》に一点の陰影もない明朗さと限りなき伸びやかさとを見る　（昭、七、五）

◎昭和八年十月二十五日　教祖殿落成奉告祭

二十六日　親神様仮神殿[3]にご遷座

◎昭和九年三月二十六日　神殿、礼拝場上棟式

◎昭和九年六月　「甘露台は雨うたし」と新神殿設計発表、模型も完成

神殿、教祖殿起工式（墨打ちの儀）

神殿・礼拝場上棟式に向かわれる二代真柱

神殿・礼拝場上棟式

③のち曳家《ひきや》され、本部会議所、仮席場として使用。

「……神殿改築――われらが夢寐《むび》にも忘れ得なかつた雛型《ひながた》甘露台の建設の具体案に関してかねてより慎重協議が重ねられてゐ《い》たがこのほど最後的決定を見、模型も完成、発表と同時に工事に着手した、右によれば従来の上段の間は廃されそれに代《かわ》るに新神殿中央を四十一尺三寸四方、深さ七尺の土間に切《きり》下げ、土間には白砂を敷きつめその中心に径《さしわたし》三尺六角、高さ八寸の最下の土台からはじめて、十三段の雛型甘露台が据ゑ《え》られ、甘露台直上の天井は、天地を突き通すといふ《う》甘露台本来の意義から、六尺四方を切り開き、神言通りに雨《あま》うたしにされる、土間へは東西南北の四面から階段が通じ、南北階段両側には道具庫が設けられるが、土間を巡る床上に低い質素な欄干《らんかん》を備へ《え》る以外、一切虚飾なく総《すべ》てが素朴、これによつて完成の暁《あかつき》は一層の森厳さを増すことだらう《ろ》、而《しか》して新旧礼拝殿は神殿両側の廊下によつて結ばれ、一般信徒は四方より甘露台に参拝することになるのであるが、上部二、三段を拝することが出来よう、なほ《お》今後甘露台づとめ、みかぐらづとめなど一切の式はこの土間で、甘露台を中心にして執り行なは《わ》れるものと見られてゐるが形式その他については未《いま》だ発表されてゐない」

（『天理時報』　6月10日号）

『みちのとも』に掲載された神殿の模型

◎昭和九年十月十五日　神殿に雛型かんろだいを据える

「待望の日は将《まさ》に来た！四年の歳月、六百万教信徒が一手一《いってひと》つに団結、寝食を忘れてつくして来た誠心の結晶、新神殿は今や完成した、雄大を誇る東西大廻廊に抱かれて魏然聳《ぎぜんそび》ゆるその偉容！昨秋落成した教祖殿と相対しておぢばは茲《ここ》に全く整備した、④しかもわれらが片時も忘れ得なかった甘露台が——雛型《ひながた》ではあるが去る十五日、立派に建設せられたのだ……」

（『天理時報』10月21日号）

④神殿（神殿・南礼拝場）と教祖殿を併せて昭和普請（第一次）と呼ばれた。

普請回顧

中山正善

『普請回顧』（昭和10年刊）より抜粋

○建築の発表

昭和五年十月立教百年祭と教祖五十年祭とを迎へ《え》るに当《あた》つて、その時旬の活動として三方針を発表した。而《しか》して春（五月廿《二十》六日会議決定）よりの懸案であつた五十年祭記念としての教祖殿建築の儀が此処《ここ》に全貌を明らかにしたのである。

曰《いわ》く。教祖五十年祭を目指して　教祖殿の改築
　立教百年祭を目指して　神殿の改築

曰く。教学の樹立

曰く。人類更生運動
日本

○建築委員の任命

昭和六年一月十日、先《ま》づ此《この》ふしんのための委員会を組織する事に決して本部員にはかつた。その顔ぶれが次の通りである。

山澤、松村、板倉、高井、宮森、梶本、飯降、喜多、中山

深谷、山田(清)、村田(勇)、山田(勘)、土佐①

議は春の所教祖殿を大きくしたいと云《い》ふ念願より始まつてゐ《い》た。この念願は今回の起《おこ》りよりも余程以前から、人々の念頭にあつたもので「五十年祭には教祖様の仮遷座をお願ひ《い》せずにつとめさせて頂きたい」とは誰云《だれいう》ふとなく本部内の輿論《よろん》となつてゐたのである。否《いな》教内にも当然かくあるものと考へ《え》られてゐたかも知れない。

しかし乍《なが》ら教祖のお住居《すまい》たる教祖殿を神殿よりも大きくする事は、観方《みかた》によれば人々の信仰を誤らせるおそれもない事はないのである。議をねり、立教百年祭をも合《あわ》せ考へて、神殿の改築をも共に行ふ事になつたのであつた。

○呼称

此《この》呼称であるが、私達は通常「神殿」「神殿」と呼びなれては居《い》るが、教会規程には「礼拝殿」と記入されてゐ《い》るために（第三条）②、正式の呼名《こめい》はあの建物全体を指して「礼拝殿」と云《いう》ふのである。しかしこの呼称では私達の心がどうもを《お》

①山澤為造、松村吉太郎、板倉槌三郎、高井猶吉、宮森与三郎、梶本宗太郎、飯降政甚、喜多秀太郎、中山為信、深谷徳郎、山田清治郎、村田勇吉、山田勘治郎、土佐敏一

②教会規程（明治41年制定）第三条に「教会本部ニハ礼拝殿教祖殿祖霊殿ヲ置ク」とある。昭和21年から礼拝殿の呼称を神殿と改めた。

さまらない。否通常の「神殿」と云ふ方が通りもよいし、心地もよいと思はれる《わ》のである。私は一般に「神殿」と呼ぶ事に少しの反対もない。否、むしろその方が私達の心にピツタリ来るのではないかと思つてゐる。

しかし規則は規則である。されば此礼拝殿を小別《こわ》けして「神殿」と「礼拝場」とに別《わか》つ事にしたのだ。即《すなわ》ち「かんろだい」の据《すわ》るあの棟《むね》を「神殿」と呼び、参拝者の坐《すわ》る所を「礼拝場」と呼ぶのであつて、新旧の礼拝場にはさまれて神殿があり、神殿と礼拝場とを合せて、礼拝殿となり、通称神殿と呼びなれてゐるのである。――今日では新旧礼拝場は夫々《それぞれ》北礼拝場（旧）南礼拝場（新）と呼ぶことにきめた。

○真座

今回の普請で、四方正面の神殿へ一歩近づくべく、かんろだいを中に挟んで南北に礼拝場をつくる事になつた、人々は四方正面とは口では常に話してゐ《い》る。又《また》計画もすゝめて出来上《できあが》つて来た。がお社を如何《いか》にするかと云《い》ふ点については、容易に決定を見ずに、のび〲になつて工事を進めてゐた憾《うら》みがある。

根本思想としては判然としてゐるのだが、それをどの形であらはすかと云ふ事《わ》になると従来のやり来《きた》りもあり、又参拝の事も考へ《え》られ、甲論乙駁《こうろんおつばく》で決《きま》りさう《そ》できまらない、而《しか》して心はあせりながらも進まないのだ。

元来今回の普請は親神様の御殿を立教百年祭を記念として建てさせて頂くのが眼目なのである。而して成るべく教祖様からお聞かせ頂いてゐる様に造らせて頂きたいと云ふのは皆の人々の心なのである。而して衆議は一決して四方正面に拝の出来る様にと南の礼拝場を附《つ》け加へ《え》る様になつたのだ。四方から拝の出来る様にすれば目標は何にするか、御在来のお社はどうなるか、とは皆の心にうかんだ最初のものだら《ろ》うが、しかしいよ〳〵となるまでは、大してその形が問題にならなかつた。否《いな》、甘露台をしんに取囲《とりかこ》んで拝する、この抽象的な帰結は判然とはしてゐるのだが、その地位については深く論ずる向《むき》も聞かなかつたのである。

○甘露台は雨うたし

しかし最初に問題となつたのは「甘露台は雨《あま》うたし」③のお言葉を建物の上で如《い》何《か》に生かすと云《い》ふ《う》事であつた。

今、その論議がいつ頃《ごろ》に華のさいたものかは判然とは思ひ《い》出せない、否《いな》論題に上つたのは早くであつたが、決定されたのは、会議録をくつてみないとはつきりせないのである。

が、皆は雨うたしの御神言を口でとなへ《え》乍《なが》ら、雨うたしをどの程度に頭に描いてゐ《い》るかについて問題が残つたのである。

元来甘露台は甘露台勤《づと》めとは切りはなす事の出来ないものである、されば雨う

③明治40年5月30日のおさしづに「かんろだいはすっかり雨打《あまう》たしのものや」とある。

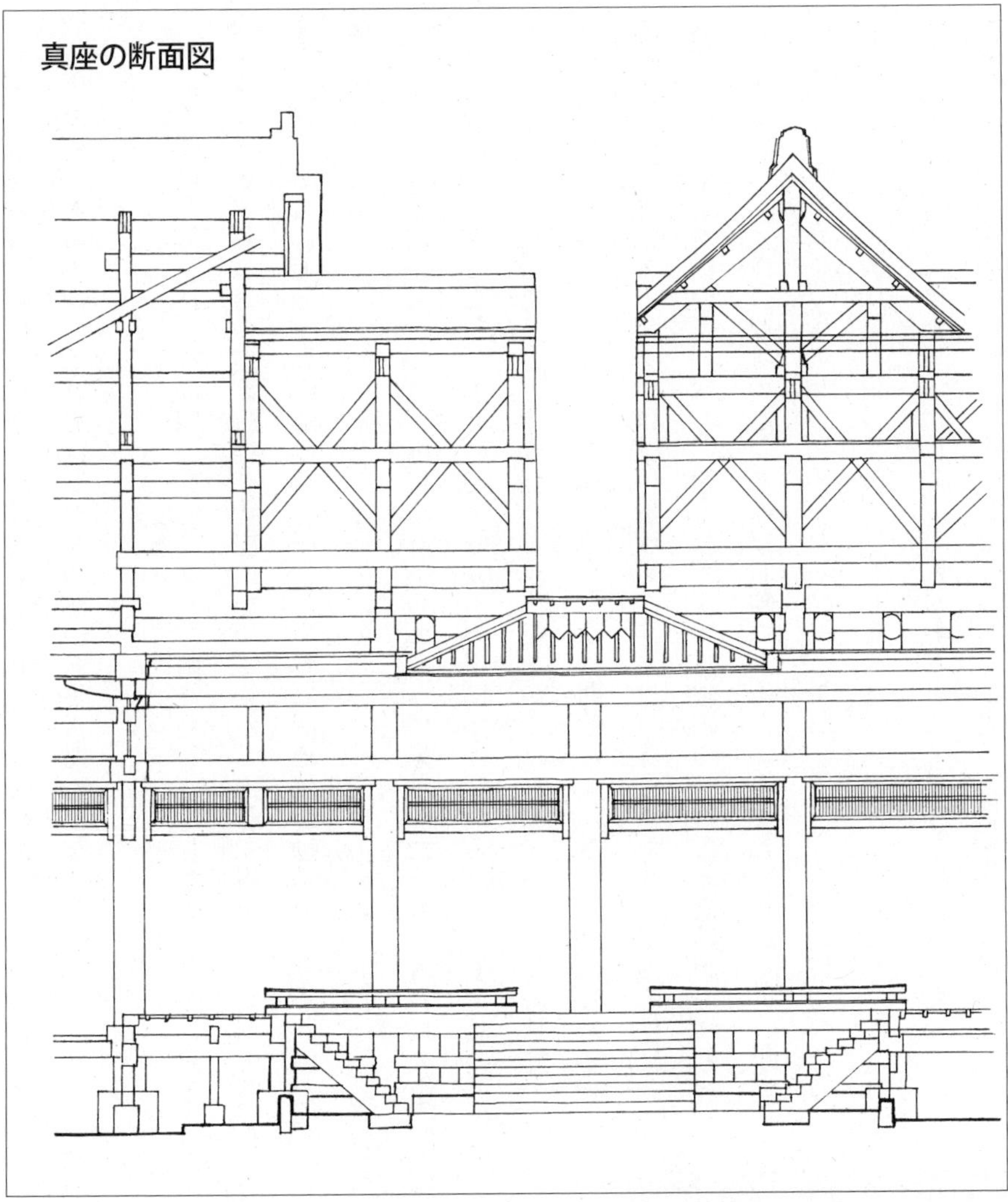

北礼拝場(左)と南礼拝場(右方向)の間に位置するぢば・かんろだいの真上の屋根が切り開かれている(次ページ写真参照)のがよくわかる。
(奈良県への提出願書〈奈良県立図書館蔵〉を基にした)

たしになればおつとめはどうなるか、お面がぬれるではないかとの意見が相当多数に出たのである、雨にぬれてはおつとめがつとまらんではないか、との意見である。

従来の建築に於《おい》ては、一間四方を切り通して雨うたしにはしてあつたが、夜になれば、之《これ》を閉める事の出来る様な仕組《しくみ》になつてゐた。而《しか》して事実上、雨天の時も之を閉塞《へいそく》してゐたし、お勤めの時も雨天であれば閉めてお勤めをつとめた例も多いのである。

しかし乍《なが》ら歴史から云《い》へば、雨にぬれ乍らおつとめを勤めた例も、教祖様のを《お》られた時代にもあつたし、又《また》その史実も人々の口に語り伝へられてゐる事なのである。而して又雨も晴れも、親神様のお恵みであつてみれば、雨うたしの甘露台でお勤めを勤めるに晴雨によつてぬれるか否かは問題にならないと云へるのである。が従来の習慣と云ふものは強い働きをなす事は、誰《だれ》もよく知つてゐる様に、此《この》場合にもそれが働いて、根本問題を論ぜずして雨にぬれるとお道具がぬれるとか、床がぬれるとか、或《あるい》はぬれねずみでお勤めするのはを《お》かしいとか、色々な意見も出《い》で、ともかく以前の様に閉められる様にしておいては、すれば建物のためにもよいだら《ろ》うとの意見も相当多かつたのである。

しかし乍ら考へてみれば、今回のふしんは教祖様のお話通りに近づきたいとの発願より万事がすゝめられてゐるのである。四方正面の意見もその通りだし、お

真座の天井部分。かんろだいは「雨打たし」のお言葉に基づき、六尺四方の天窓が設けられている
（遷座前の撮影＝『昭和普請』から）

社をとりはらつてかんろだいを取りかこまんとの意見もその一つだ、しかもその雨うたしの問題になつて、建物や道具を気にし閉塞出来るやう《よ》にするのは、成程《なるほど》閉めようとほつておか《こ》うと自由だとは云へるもの、、人間心の常としてあるものを使ひ《い》たくなるのは自然の勢ひである。

閉められる様にしておく事は、雨の時には従来もした例のある様に閉めてお勤めをする結果になる事は如何《いか》に掟《おきて》を設けておいても自然その様になると考へて差《さし》支《つか》へ《え》ない。すれば、建物やお道具に心をとらは《わ》れて肝腎《かんじん》の目標《めどう》の所で、今一段と進み得なかつた結果となるのである。勿論《もちろん》御理想から云へは《ば》木造の神殿なんか不必要だ、露天でよいのだとの極端論も出たし「まあ木造の神殿のある間は、甘露台の上にも、雨戸をつくつておいてもよから《ろ》う」との妥協案も出たが、それも何だか物たりぬ憾《うら》みもある。或は又お勤めの必要な時には必ず雨はふらない、必ず天気の御守護を頂くものだ、従来も月次祭には降つた事がないと力む者もあるが、やはり雨も亦《また》親神様の御守護であつてみれば手前勝手な事で得心のゆくものでもない。勿論石造りとおほ《お》せられた甘露台を木造りでするのだし、又その上へのせる平鉢《ひらばち》も今回は見合《みあわ》せてあるのだから、雛型《ひながた》の甘露台にはちがひ《い》ない、しかし雨うたしであるべきものに閉塞する事の出来る天窓をまう《も》けておくのも何《ど》うかと思はれる。

○甘露台の据え方

そこで色々協議を重ねた結果、雨ならば雨にぬれておつとめする方が思召《おぼしめし》にかなふ《う》だら《ろ》うとの事に決し断然とりのぞいたものにしたのである。

かくて雨《あま》うたしの神殿をこしらへ《え》る事になつたが、次に起《おこ》つた問題は、その床《とこ》の高さと甘露台の据ゑ《え》方である。

人々の意見は期せずして、参拝者の事をも考へ《え》てゐ《い》た、同じ床の高さにあるか、それより高い所にある方が、神々しいとの意見も多かつた。お勤めが参拝出来ぬのは物足りぬとの説もあった。何《いず》れも皆尤《もっと》もな意見であるが、そのまゝうけ入れるには尚《なお》余地のある考へ方ではなかつたらうか。

第一「ぢいと天とをかたどりて」夫婦をつくられた。そのもとはじまりのぢばに立てられる甘露台である。雨うたしとは何《なん》のへだてもなしに地と天とのだき合ひ《い》を示されてゐるは明らかである。されば従来の建物に於《おい》ても、別にお社はま《も》うけてあつても一見井戸の様には見えたが、土地の上に台を据ゑてあつたのである。しかるに今回になつて、之《これ》を床の所まで上げてくるのは、どうも得心がゆきかねる点が多いのである。しかもお勤めは親神様に対して勤めさせて頂くものであり、参拝者も亦《また》、同じく勤めてゐる心地で参集してゐる者で、物見遊山《ものみゆさん》に来てゐるものでない事は、事あらためて論ずるまでもない、唯《ただ》人間心として見えないよりも見えた方をよろこぶ（心がいさむ）事は事実ではあら《ろ》うが、その参拝者のみを考へてお勤めをすると考へることは、あまりにもつとめを軽くする憾《うら》みがないだらうか。

此処《ここ》は思案の要する処《ところ》なのである、参拝者を度外視せずして、勤めの理を生かす。此処に問題は複雑になつて来た。

○真座の姿図

かくて私は、此《この》複雑化した問題を各自の考へ《え》によつて図示する様に委員の人々に頼んだ。而《しか》して又《また》別に建築家の手によつても色々な案を造つてもらつた。

その成れるものを大別すると次の各種になる。

一、位　置

イ、土間に下げたもの

ロ、上段の板間の所まで上げたもの

ハ、上段の所より、更《さら》に上へ階段をつけたもの

而して上階段より更に上へ上つてゐ《い》る

真座の平面図

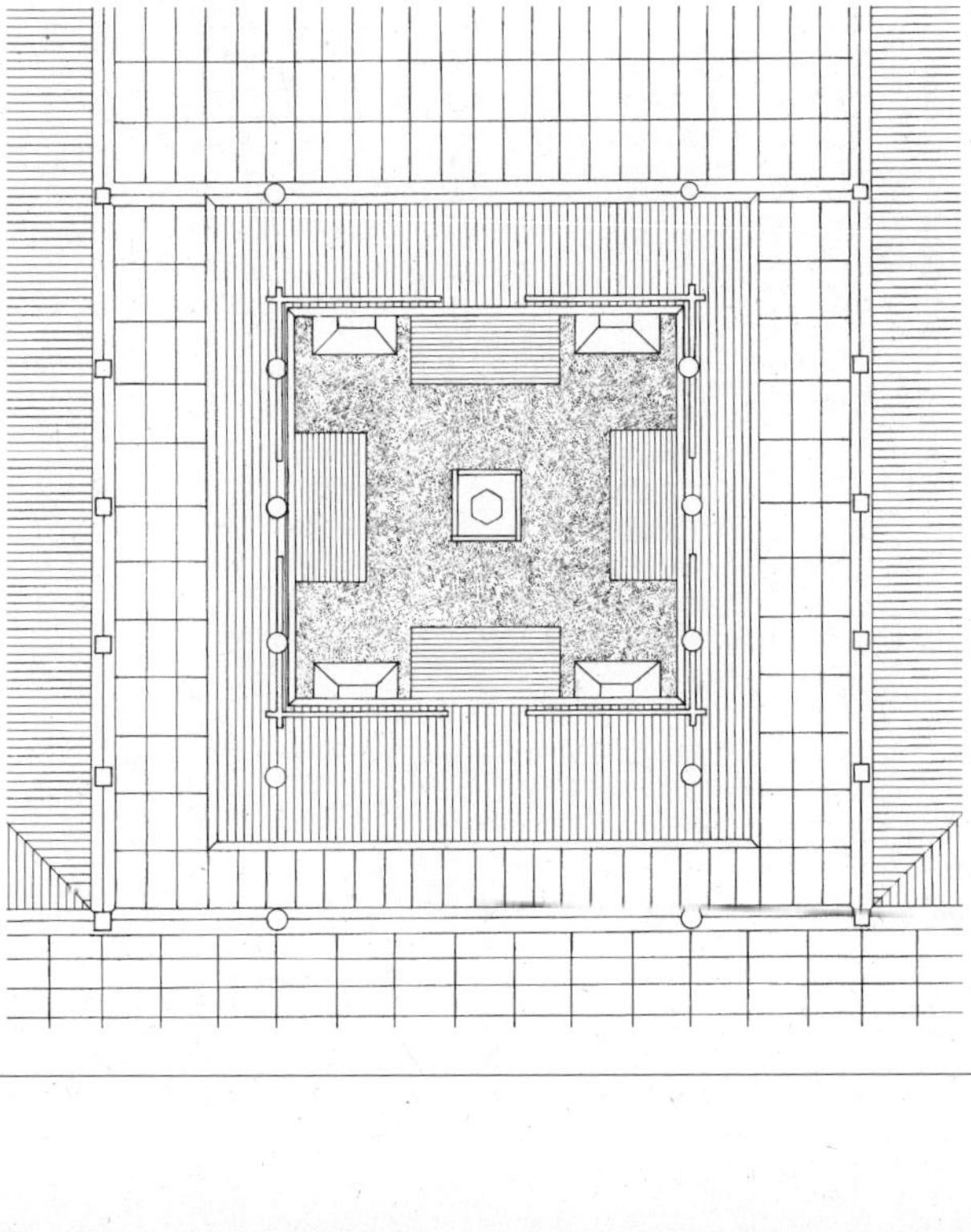

（奈良県への提出願書〈奈良県立図書館蔵〉と、『みちのとも』昭和59年9月号を基にした）

ものについては

二、様　式

イ、お厨子《ずし》④の様にしたもの

ロ、四方に柱を立て、その中間に扉をまうけ《も》たもの

ハ、簾《みす》、鏡を用ひ《い》たもの

ニ、天蓋《てんがい》⑤をまうけたもの

等、その数に於《おい》ては五十幾種の姿図が出来、中には中央に石段で円陣形に下る様にしてあつたものもあつた。

かくて此真座《しんざ》——此名称はあとから附《つ》けたものではあつたが——が今日の如《ごと》き姿となるについては幾度かの会議と協議が重ねられたのである。

扨《さて》今回の真座であるが、これは最も質朴にして、その中に荘厳味を加へ《え》んとした事と、土間である故に成るべく戸外の形式を加味した点が、従前のものと改まつてゐるのである。然《しか》も、甘露台をそのまゝ露出して何等之《なんらこれ》を閉塞《へいそく》する様式を用ひて居《いお》らない此点荘厳味を失ふ《う》との憂《うれい》ひもあり、且又《かつまた》参拝者の座よりも低い所にその目標《めどう》を据ゑ《え》たについても、問題があるかも知れなかつたが、出来上《できあが》つてみた点では、何等懸念はいらなかつたのである。

又簾の如きものも、之は屋内の区切りに使用されたのがその起源とかで、今回は之を神殿と礼拝場との区切りに用ひた他《ほか》、神前には用ひなかつたのである。

④仏像・舎利・経巻などを安置する両開きの戸棚形のもの。

⑤仏具の一種で、仏像などの上にかざすきぬがさのこと。円形、方形、六角のものがある。

尚《なお》、此真座の広さと、お勤めを修行する場所についても数次の会議で盛《さかん》にゆきもどりして、決する事が難《むつ》かしかつたのではあるが、終《つい》に時は万事を治めてくれて今日の式となったのである。

一時は土場を上段の指図の面までもり上げる話や、又それ以上に高くもり上げる話も出たが万事は従前の土地の高さを保有する事にして、ぢばには一切手をふれなかつたのである。

甘露台の木は、土佐の檜《ひのき》を主として用ひ、一部吉野材が加《わ》はつてゐる。土佐の山へ材木を検分に出かけた時に見出《みいだ》してもとめたものが、その主要部分をなしてゐるのだが、一見檜とは見えない木である。

○心のふしん

昭和九年十月廿四日《二十》、此処《ここ》に親神様にお鎮《しず》まりねがつた。而《しか》して歴史的な行事も無事勤めさせて頂いた。私には何も話す事も出来ない。唯漸《ただようや》くこゝまで勤めさせて頂いた事を有難《ありがと》う御座いますと、お礼を申す他《ほか》はないのだ。

かくて真座にむかつて、教団の内外から、待望と興味の眼を投ぜられた時、私は親神様の前に出て、裁きをうけてゐ《い》る様な気持《きもち》がしたのだ。

親神様の木造の神殿は出来た。しかし私達はこれでほつとしはせなかつたらう《ろ》か。正直の所、私はホツとした気持になつた。これで漸くふしんも完成させて頂

真座へ降りる階段。祭器を納める戸棚が四隅に設けられた
（遷座前の撮影＝『昭和普請』から）

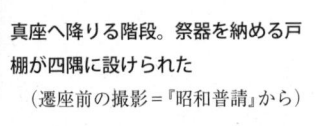

いた、ホツとした気持になつた。しかし完成したと思つてホツとしたのは気にゆるみを生じた事にはなりはせなかつたらうか。木造の神殿を以《もつ》てふしんが完成したとは誰《だれ》に向《むか》つて云《い》ふ《う》言葉だらうか。考へ《え》れば私の心が取りちがひ《い》してゐたのではなからうか。

教祖様は常に「きりなしふしん」と云ふ事をお教へ下さつた。それは形の上でも、次から次からと増加する親の子供の参り所をひろめる事をも意味されたのだらうが、それより以上に、心のふしんのきりない事をお教へ下さつた事にちがひ《い》ない。

私達は、今回の「ふしん」を以てより親神様の思召《おぼしめし》に添ひ得る様にと工をすゝめたのではないか。而して此《この》「きりなしふしん」の行程にあたつて、此木造神殿の完成でホツとした。こんなことで「きりなしふしん」をさせて頂いてゐるのであらうか。私達の心にきりなしふしんをする事が、親神様のおせき込みになつてゐる点と思ふのである。

さあふしんは限《き》りなしである、いさんでかゝらう。親神様は無限の恵みを以て私達の手を引いて導いて下さつてゐる。

かんろだい座談会

『みちのとも』昭和10年1月5日号「甘露台座談会」から抜粋

●発言者（敬称略）

二代真柱（中山正善）
山澤為造
松村吉太郎
高井猶吉
飯降政甚
梶本宗太郎
上原義彦

〈史料集成部〉
桝井孝四郎
上田嘉成

〈道友社〉
中山慶一

中山　まず「かんろだい」というお言葉がいつごろから仰せ出されたものであるかをお聞かせいただきたいと存じます。

山澤　おふでさきに書いてあるやろう。

中山　おふでさきに「めつらしいこのよはじめのかんろたい　これがにほんのをさまりとなる」①と仰せくだされますのは明治二年でございますが、これとおつとめのお言葉にあらわれている「かんろだい」なるお言葉が、いずれが先であった

①第二号39。

かを知りたいと存じます。で、おつとめの変遷についてお話し願えれば……。

松村　「一れつすましてかんろだい」は、明治十五年からということになっている。

高井　初めは「一れつすますかんろだい」[②]であったが、明治十五年かんろだいを取り上げられてからは、「一れつすましてかんろだい」となったんや。

山澤　おつとめもホン最初の間（つとめ場所の出来たころ）は、ただ「なむてんりわうのみこと」を何回となく繰り返してお唱えするだけであった。

梶本　辻忠作先生が線香が半分になるまでおつとめせられたが、「つとめ短い」との神様のお言葉で、線香一本にせられたという話もあるから、おつとめは長いほうがよかったのでしょう。

高井　昔は二十一遍どころやない、百遍ぐらいやっていたのや。

山澤　まさか百遍もやらなかったやろうが。

真柱　とにかく長かったんだね。

飯降　まつゑ様[③]がお出直しされたのは明治十五年ですが、いつだったか、まつゑ様がおつとめに出られたことがあって、確か二十一遍しておられたように記憶しています。

松村　以前のことはよくわからないが、はっきり二十一遍ということになったのは、教会本部設置の時からだと記憶している。

②明治8年に教えられた。

③教祖の長男秀司の妻。

真柱　理の上から考えてそういうことに決めたんですか。

松村　みんな相談の上、神様にお伺いを立てたのです。

高井　いや、教祖ご在世の時から二十一遍に決まっていたのや。ただ三遍ずつ七遍するのか、七遍ずつ三遍するのかわからないのでお尋ねしたら、どちらでもよ

ちばの移り変わり①――立教38年《明治8》
6月29日（陰暦5月26日）

かんろだいのぢば定め

「教祖は、先《ま》ず自ら庭の中を歩まれ、足がぴたりと地面にひっついて前へも横へも動かなくなった地点に標《しるし》を付けられた。然《しか》る後《のち》、こかん、仲田、松尾、辻ます、櫟枝《いちえだ》村の与助等《ら》の人々を、次々と、目隠しをして歩かされた処《ところ》、皆、同じ所へ吸い寄せられるように立ち止《ど》まった。……こうして、明治八年六月二十九日、陰暦の五月二十六日に、かんろだいのぢばが、初めて明らかに示された。時刻は昼頃《ごろ》であった」　（教祖伝128～129頁）

想像図

いとおっしゃったのや。

山澤　早くから三遍は三ッ身につく理、七遍は何言わいでもよい、という理の上から三七、二十一遍ということを仰せになっておられた。

松村　もちろんそういうお話は、前から仰せられていたのだが、確定的に実行さしていただくことに決めたのは、教会本部が置かれるようになった時だったと思う。

中山　次に模型のかんろだいのことについて。

高井　模型のかんろだいは、わしら信仰に入った時分（明治十二年）には雨《あま》うたしで、だいぶ古くなっていたで。

山澤　あれは明治六年に教祖の言いつけで本席さんがお作りになったものや。その後、倉の中へ入れてあったのを、明治八年にこかん様④がお身上になられた時、お願いづとめをするについて出してこられたのや。

桝井　私もそう聞かしてもらっております。

中山　すると、明治八年六月のおふでさきに「月日よりとびでた事をきいたならかんろふだいをばやくだすよふ」⑤と仰せられているおうたは、その史実と関連するものですか。

桝井　それは、大きい将来のかんろだい建設をお急《せ》き込みになったものと悟りま

④教祖の末女。教祖と人々との取次役を担い、「若き神」と呼ばれた。

⑤第九号18。

す。

高井　あの模型は上と下とになんでも直径一尺二寸、厚さ三寸ぐらいの六角の板があり、中は直径三寸、長さ六尺ぐらいの柱になっていたと思う。だいぶ古くなっていたなあ。

ぢばの移り変わり②――**立教38年**《明治8》9月ごろ

こかん身上に際し模型のかんろだい据える

明治6年飯降伊蔵に作らせられた模型のかんろだいを「出来てから暫《しばら》く倉に納めてあったが、明治八年ぢば定めの後《のち》、こかん身上のお願《ねがい》づとめに当《あた》り、初めて元のぢばに据えられ、以後、人々は礼拝の目標《めどう》とした」

（教祖伝109頁）

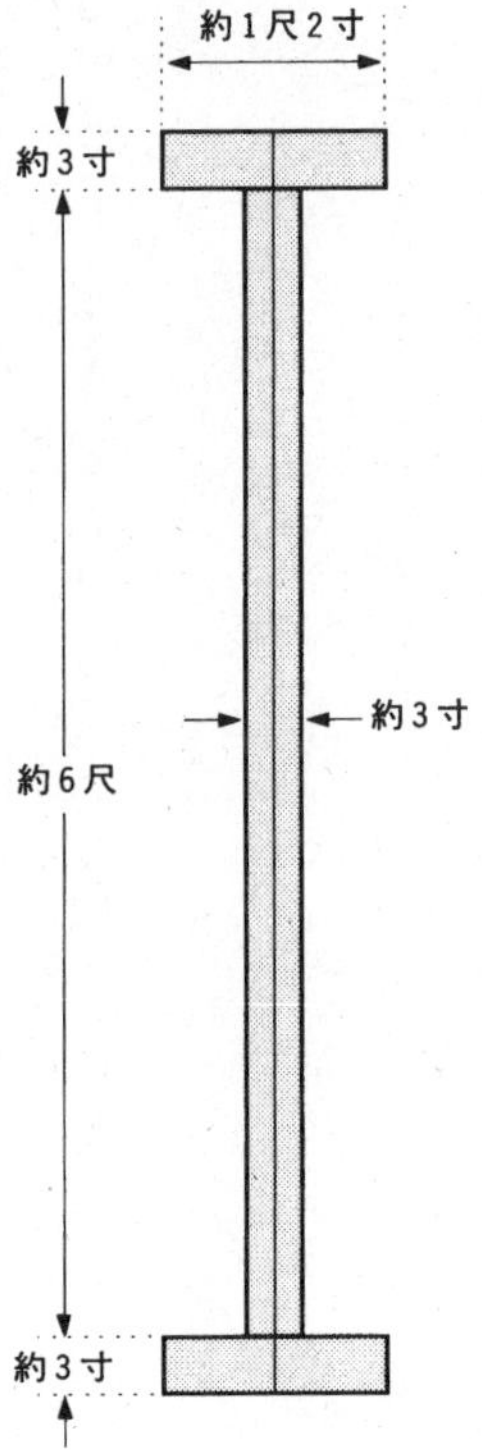

高さ約6尺、直径《さしわたし》約3寸の六角の棒の上下に、直径約1尺2寸、厚さ約3寸の六角の板の付いたもの（同）

山澤　そうや、わしの父が身上のため、水も（のどを）通らんようになってお願いしてもらったのは、あのかんろだいに対してやった。

中山　ぢば定めの後、その目印として高さ六尺、直径三寸の六角の杭《くい》が打ってあったと聞いておりますが、それと模型のかんろだいとは同じものですか。

高井　そうや。

中山　私たちは模型という言葉にとらわれますためか、明治六年に本席様のお作りになった模型というのは実物通りの形を縮小されたもので、お居間かどこかにお祀《まつ》りになっておられたもののように考えておりましたが。

山澤　そら、模型というても、きちんとしたものではなかったのや。

真柱　昔からかんろだいのお話をしておられて、それはこんなものだとお作らせになり、ぢばを定められてのち、それをその地点に据えておかれたものか、それはそれとして、別にぢばのしるしとして六角の杭を打っておかれたものか、話が二つになっているようであるが、それは十分記録によって研究してみなければいかん。

中山　それでは、次にぢば定めの史実をお聞かせください。

山澤　ぢば定めをなさったのは明治八年五月二十六日⑥や。

中山　聞かしていただいているところによりますと、教祖はなんでも、ぢば定め

⑥これは陰暦で、陽暦の6月29日にあたる。

の前日、すなわち二十五日から、「あすは命日であるから、よく掃除をしておくように」とおっしゃって、ちゃんと掃き清めさしておかれたということでありますが。

山澤　そら、そうですやろう。

真柱　その当時から二十六日が命日と決められてあったのか。

山澤　それはつとめ場所の建つ以前からちゃんと決まっておりました。

（この項以下略）

ちばの移り変わり③――**立教44年**
《明治14年》　初秋

かんろだい 二段まで出来る（石造り）

同年5月、石出しひのきしん。初秋、二段まで出来るが、石工が突然いなくなり石普請頓挫《とんざ》。

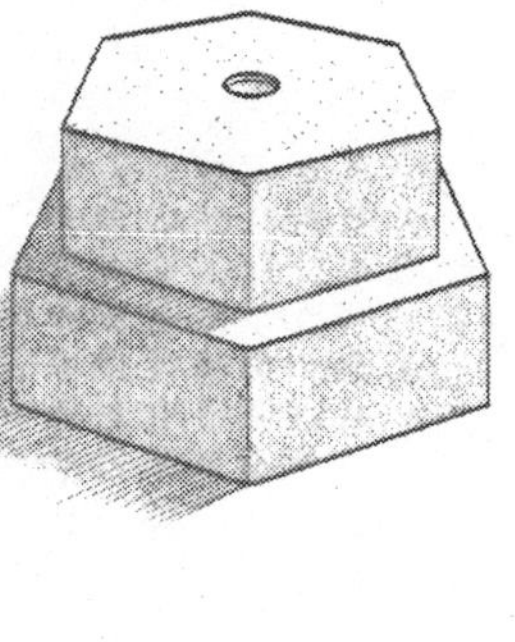

想像図

中山 それでは、かんろだいの意義のほうに移らしていただきます。

山澤 かんろだいは人間始めた元の証拠に立てるのやとおっしゃった。

高井 なんでかんろだいというのか、聞いてんねやろ。

山澤 人の心が神の教えの通り澄み切ったら、すなわち、その心は甘い心や。その時になって降るものであるから、甘露というのやろ。

松村 そら、信仰的に悟っていけばそういうことになる。

真柱 天から下さる甘露を受ける台、ぢきもつ⑦を受ける台という意味であろうが、何かそのほかに教祖から聞いていませんか。

高井 聞いてます。かんろだいというのは肝心要《かなめ》ということや。息の切れる時は人間の肝心要の時や。肝心要の寿命をつなぐ台や。「かんじんかなめの継ぐかんろ」ということをおっしゃった。三十一カ所のうちわけ場所⑧を回って来ると、どんな病も御守護を頂く。しかも、たすかったからというて、中途で杖《つえ》を捨てたらあかん、車を捨てたらあかん。最後におやしきに帰って、杖も車も納める。そこで百十五歳の定命を頂くのである。人間は生まれた時に定命がある、五十とか六十とか。それが甘露を頂戴すると、百十五歳まで引き延ばしてもらえる。その生まれた時に定まった寿命と百十五歳の定命と継ぎかえしていただく「かんじんかなめの継ぐかんろ」や。台はそれを降ろす台。そんなら今からほしいと言うやろう、今でも与えんということはない、けれども、手引けなんだらなんにもなら

⑦漢字をあてると「食物」。「このじきもつは天の与えで、どんなに空腹でもこのじきもつを頂けばすぐ満腹になり、いかなる病気もたちどころに治癒《ちゆ》し、これを頂いた者は誰《だれ》しも百十五歳の定命を保つことができる」(『天理教事典』)。

⑧打ち分け場所で、「将来は内、中、外に各々三十一カ所宛《ずつ》、都合九十三カ所出来ると仰せられた」(『おふでさき註釈』第二号16)。

ん、とおっしゃる。つまり、頂こうと思うても頂けん者があるということを言われたのや。

かんろだいの六角というのは、ぎ様に月様の心入り込んで、これにつきよみのみこと様の理を仕込み、み様には日様の心入り込んで、これにくにさづちのみこと様の理を仕込み、人間を産み下ろしくださった。それ故に、これを六台の神様

ぢばの移り変わり④

立教45年

《明治15》　5月

かんろだいの石没収 ぢばに小石が積まれる

同月12日、二段まで出来ていたかんろだいの石が警察に取り払われ、あとには小石が積まれてあった。

「人々は、綺麗《きれい》に洗い浄《きよ》めた小石を持って来ては、積んである石の一つを頂いて戻り、痛む所、悩む所をさすって、数々の珍しい守護を頂いた」

（教祖伝239頁）

想像図

という。その理をあらわして、かんろだいはどの段もみな六角。……これはみんな聞いてるやろ。教祖からも聞かしてもらったが、さよみ（仲田儀三郎）さんからも何度も聞いた。こんな大事なことは、めったに忘れへん。

中山　神様は人間始め出した親里の証拠としてかんろだいを据えておくということを、はっきり仰せになっております[9]。その仰せによりますと、ぢばに重点があるのであって、かんろだいはそのしるしであるということになります。しかし一方においてまた、かんろだいは「にいほんのをや」[10]であるとのお言葉もあって、かんろだいそのものに尊い理のあることも悟れます。もちろん両方の意味があるのでしょうけれど、これらの点について。

高井　かんろだいは人間始めた元のやしきであるという証拠に建てられるのであるが、そのかんろだいはまた、人間創造の理をかたどったものや。

真柱　かんろだいが「にいほんのをや」であると仰せられているお言葉について何か聞いていませんか。

松村　それは泥海古記から説いてきたら、わかると思います。しかし人間を創造された所といううえから、ぢばがをやであり、神名の授けられている所である。

高井　世界のをやや。

真柱　ぢばを離れてはかんろだいはその意義を失ってしまう。人間をご創造くだ

⑨おふでさき第十七号9。

⑩おふでさき第十号22の一部。かんろだいは「にほん（まず教えを聞き神意を悟った者）はもとより、世界一列の生命の根元であり、霊救の源泉である」（『おふでさき註釈』）の意。

ぢばの移り変わり⑤

立教51年《明治21》10月

ぢばを取り込んだ神殿落成 板張り二段のかんろだい

つとめ場所を南に増築。上段のぢばの部分(一間四方)は切り込み、ぢばの地点には板張り二段のかんろだいが据えられる。「一間四方天窓にして」(おさしづ)に基づき、天井は寒冷紗《かんれいしゃ》(目の粗い麻布《あさぬの》)の幕で開閉式にされる。

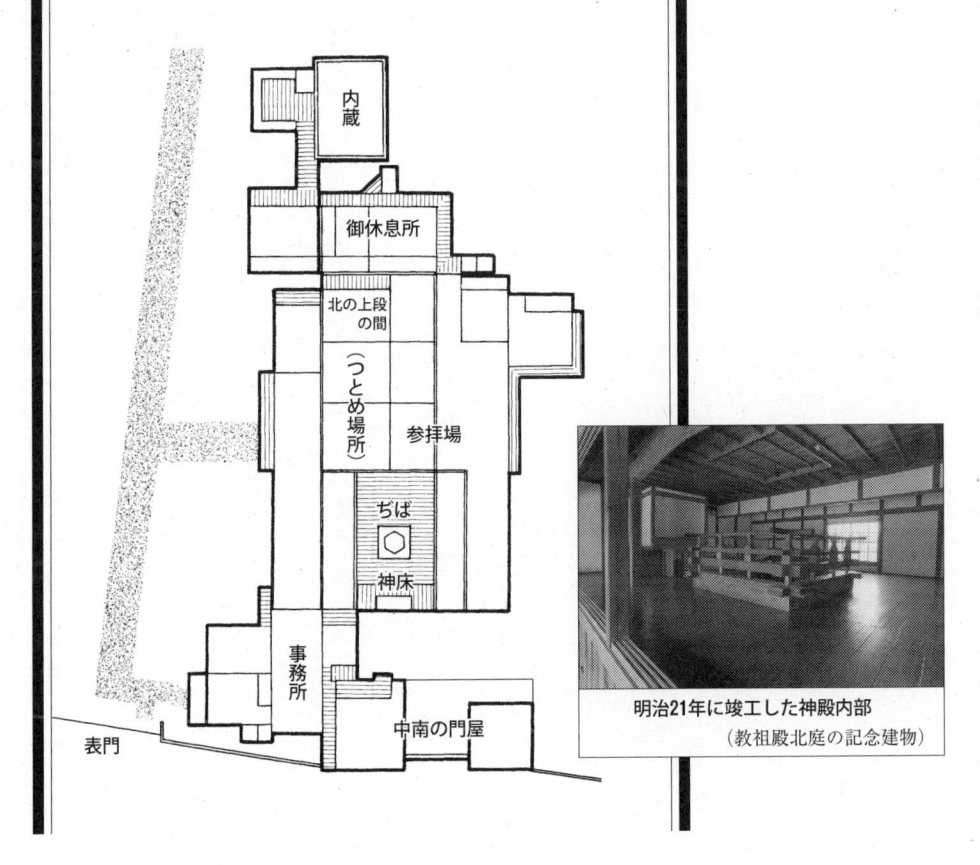

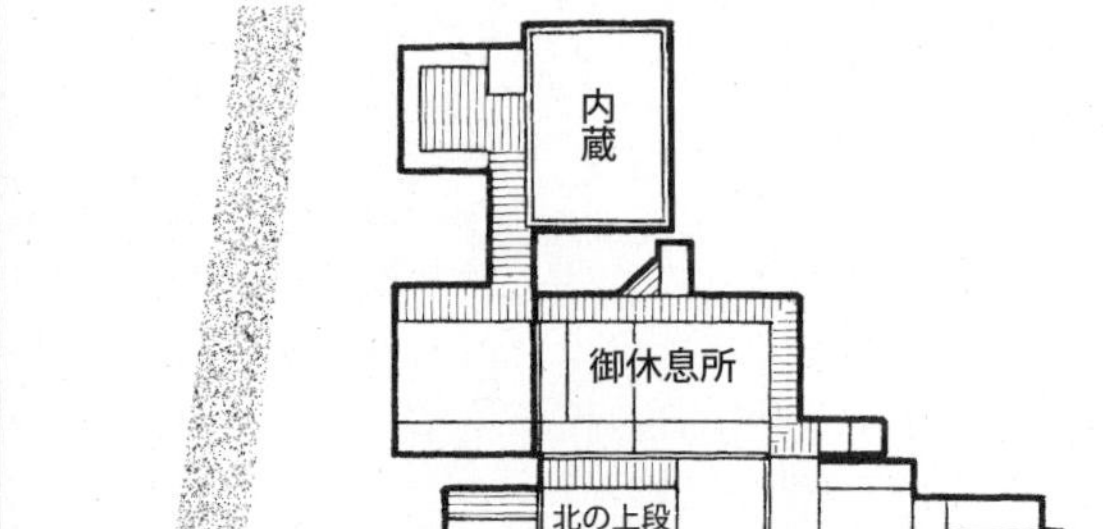

明治21年に竣工した神殿内部
(教祖殿北庭の記念建物)

された元の親里たる証拠にお建てになったものであるという点からすれば、ぢばが元でありをやであって、かんろだいはそのしるしということになる。しかし、元来ぢばという言葉はかんろだいというような特殊な言葉ではなく、ただ場所を意味する普通名詞である。「いざなぎいといざなみのみのうちよりのほんまんなかや」⑪と仰せられた、そのほんまんなかの場所を指された普通名詞である。ところがこれが教祖によって使われてから、そのほんまんなかの所、すなわち人間創造の地点のみを指す固有名詞となって、深い信仰的な意味内容を盛られてきたものであるが、元来が土地、場所という意味の普通名詞であるだけに、悟り方によって、その範囲が広くなったり狭くなったりする。

山澤　ぢばというのは、ぎ様とみ様がお休みになった、頭の先から足の先までの間で、かんろだいはそのほんまんなかで、芯《しん》の所に建つのや。

真柱　厳密に言えば、人間創造の中心地点、すなわち人類の生まれ出した、ぎ様とみ様の身の内のほんまんなかの所である。それが、かんろだいという特殊な言葉により、また、その人類創造の理を表象した形によって、ちばの地点を明らか

⑪「このもとハいさなきいといざなみの　みのうちよりのほんまんなかや」（おふでさき第十七号6）

明治44年、神殿（現北礼拝場）普請のため旧神殿が取り除かれ、
板囲みのかんろだい（中央）だけになった神苑

にされているとともに、ぢばの理を顕彰され強化されているのである。この意味において、かんろだいには重大な意義がこもっているわけである。しかもそれはまた、天よりをやに渡されるぢきもつを受ける台である。⑫この意味において、それは単なるぢばの標識としての役目だけではなく、人類のをやとしての理を十分

⑫「そのうゑ、ひらばちのせてをいたなら　それよりたしかぢきもつをやろ」「ぢきもつをたれにあたへる事ならば　このよはじめたをやにわたする」（おふでさき第九号60～61）

ぢばの移り変わり⑥ ―― **立教76年**《大正２》12月25日

神殿（神殿と北礼拝場）新築落成　板張り二段のかんろだい

明治40年の「百日のおさしづ」により神殿建築（いわゆる大正普請）始まる。「かんろだいはすっかり雨打《あまう》たしのもの」「地《じ》から上へ抜けてあるもの」（おさしづ）に基づき、天井、上段の様子は基本的に変わらないが、『みちのとも』によると「甘露台周辺は廻り勾欄《こうらん》付」「甘露台上、折上格天井支輪付」。

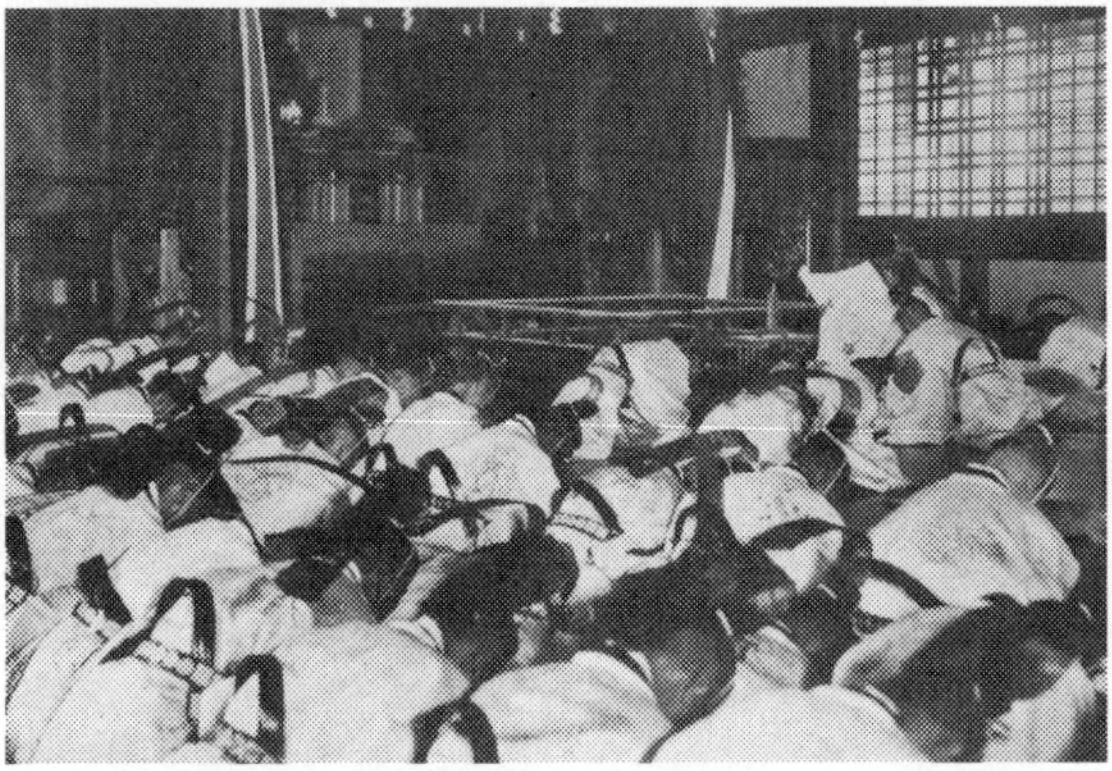

神床手前の欄干に囲まれたところがぢばの地点
（昭和８年の教祖殿落成奉告祭）

に感じさしていただくことができるのである。

上原　かんろだいは実にその形において万有創造の理をあらわされている。すなわちそれは、絶えず物を創造する意味を表象されているのであって、ここに「きりなしふしん」と仰せられた理も悟れるし、また「かんろだいがをやである」と仰せられたお言葉の意味も悟れてくるのではないかと思う。

（かくて座談四時間にわたり薄暮迫るころ盛大に散会いたしました。雛型《ひながた》かんろだいの建設された今日の時旬として、まことに意義深いお話でありました。中心に示されたる理を十分に悟らしていただき、お互いの魂の糧《かて》にしてゆきたいと存じます。

最後に一言申し添えておきたいのは、中に語られている事柄や、信仰は正味のものばかりでありますが、史実の年号だけは、あるいはご記憶に誤りあるかもわからないということであります。この点は、いずれ文献を参照して十分研究さしていただかねばなりません。何らの参考書類もご携帯にならず、ただ記憶をたどってお話しくだされたものでありますから、この点だけはやむを得ないと思います。しかし、昔の道の味わいをいきいきと感じさせていただいたということは、なんとしても大きな収穫でありました。　中山）

ちばの移り変わり⑦　立教97年《昭和９》10月15日

神殿改築、南礼拝場増築落成
雛型かんろだい据えられる

昭和６年６月神殿・教祖殿（いわゆる昭和普請）起工式、８年８月礼拝場立柱式、９年３月神殿・礼拝場上棟式。この間、８年10月に教祖殿完成。

９年10月15日、十三段の雛型かんろだいが据えられる。

竣工間もない南礼拝場から真座を通して北礼拝場を望む

かんろだい年表

立教32年
明治２年
1869

3月執筆のおふでさきに「めつらしいこのよはじめのかんろたい……」(第二号39)。

立教36年
明治６年
1873

教祖、飯降伊蔵に簡単なかんろだいの模型を作らせられる。

立教38年
明治８年
1875

6月、おふでさき第九号でかんろだいについて詳細に教えられる。

6月29日(陰暦5月26日)、かんろだいのぢば定め。

9月ごろ、こかんの身上に際し、かんろだいの模型をぢばに据えお願いづとめ。以降、礼拝の目標となる。

この年、「いちれつすますかんろだい」の歌と手振りを教えられる。

立教44年
明治14年
1881

5月5日、東の山でかんろだいの石見、続いて石出しひのきしん。

初秋のころ、石普請は二段まで出来る。石工がいなくなり普請は頓挫《とんざ》。

立教45年
明治15年
1882

5月12日、かんろだいの石が警察に没収される。教祖、「いちれつすますかんろだい」を「いちれつすまして……」に改められる。ぢばには小石が積まれる。

立教51年
明治21年
1888

7月24日、神殿普請のおさしづ伺う。これより、つとめ場所を増築、ぢばを取り込んでの普請、10月完成。ぢばに板張り二段のかんろだい据えられる。

立教74年
明治44年
1911

10月27日、神殿建築起工式。翌年6月1日、かんろだい地搗《つ》きひのきしん。

立教76年
大正２年
1913

神殿新築落成(今の北礼拝場)。「かんろだいは雨打《あまう》たしのもの」基本的には先の普請と変わらず。

立教97年
昭和９年
1934

10月15日、雛型かんろだいを据える。同月24日神殿遷座祭、25日神殿改築・南礼拝場増築落成奉告祭で初めて、お面着用、十三段のかんろだい囲んで立ちづとめ。

立教114年
昭和26年
1951

4月17日、雛型かんろだい据え替え。

立教127年
昭和39年
1964

8月24日、雛型かんろだい据え替え。

立教138年
昭和50年
1975

5月24日、ぢば定め百年、雛型かんろだい据え替え。

立教147年
昭和59年
1984

10月24日、雛型かんろだい据え替え。25日、神殿上段改修・東西礼拝場竣工。

立教163年
平成12年
2000

7月24日、雛型かんろだい据え替え。

立教178年
平成27年
2015

10月24日、雛型かんろだい据え替え。

立教180年
平成29年
2017

8月24日、雛型かんろだい据え替え。

かんろだいについて

中山正善

『みちのとも』昭和9年11月20日号「かんろうだいに就《つい》て」より抜粋

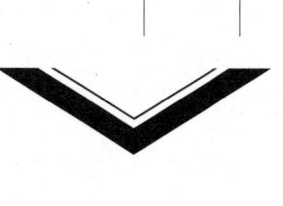

皆様もすでにご覧になっていますように、今回の礼拝殿は神殿を中心に挟み南北に新旧の礼拝場があり、かんろだいを目標《めどう》として二方より礼拝できるようになってありまして、これらは四方正面と仰せられた親神様の思召《おぼしめし》に従来より一歩近づかせていただきました道の者の喜びでありまして、またそれに伴って、祭典を執行させていただく形もおのずと変わりましたことは、皆様がただ今ご承知になったとおりでありますが、この目標としてかんろだいを取り囲むようになりました点につき、少々お話し申したいと思うのであります。

私たちは日夜「あしきをはらうてたすけせきこむ　いちれつすましてかんろだい」と唱えておつとめをさせていただいています。また、日々皆様はかんろだいについてお話をされ、あるいはお話を聞いていられるから、今さら改めてその理を説くまでもないこととは存じますが、かんろだいの意義、名称、歴史等を簡単にお話し申しておきたいと思います。

●かんろだいの名称・意義

かんろだいの名称は、教祖《おやさま》によって早くからお教えいただいた名称でありますが、現有する文献に求めますると、その最初と思われるものは「おふでさき」の、

めつらしいこのよはじめのかんろたい
これがにほんのをさまりとなる　（二号　39）

のおうたでありまして、明治二年の御筆と明記されてあるのであります。

しかしてその字の意味から申せば、天から下さるかんろだいの寿命薬を受ける台とでもいう意味と聞かせていただいているのではありますが、建設の意義はもっと深い理のこめられたものであります。おふでさきの中に、

このやしきかんろふだいをすへるのハ
にんけんはじめかけたしよこふ　（十号　79）

にんけんをはじめかけたるしよこふに
かんろふたいをすゑてをくぞや　（十七号　9）

と仰せられてあるごとく、人間を創《はじ》めかけた所であるとの証拠に建てられるものであります。

しからば、人間創めかけた所とは何を指すかと申しまするに、それには順序として「ぢば」の理についてお話をしなければなりません。

おふでさきに、

かんろたいすへるところをしいかりと
ぢばのところを心づもりを　（九号　19）

そのとこでせかいぢううのにんけんわ
みなそのぢばではじめかけたで　（十七号　7）

そのぢばハせかい一れつとこまても
これハにほんのこきよなるぞや　（十七号　8）

いまゝでハこのよはしめたにんけんの
もとなるぢばわたれもしらんで　（十七号　34）

等とお教えいただいているのでありまして、これを拝誦《はいしょう》させていただきましたならば、かんろだいは、人間を創めかけた証拠として人間を創めかけたぢばに建てられるものたることは明らかにおわかりになったことと思います。

しからば、かんろだいを建てられるぢばがいかに決定されたかと申しますに、

そふぢしたところをあるきたちとまり
そのところよりかんろふだいを　（八号　83）

したるならそれよりつとめてをそろい

はやくかゝれよ心いさむで　（八号　84）

と仰せられているのであります。

これ私たちがぢば定めと唱えさせていただいている事柄をお教えになったもので、その地点がすなわち人間創造の時の地点「ぢば」なのであります。

これがみかぐらうたに、

ひのもとしよやしきの　かみのやかたのぢばさだめ　（十一下り目　1）

と仰せられていることなのであります。

さて、その地点すなわちかんろだいを据えるぢば、人間創造の所であるとのぢばとは何を意味するのか、人間創めかけた所とは何を指しておられるか、このことにつきましては、天地創造の時、人間を宿し込まれたその場所であり、ひいては人類最初の親里でもあると仰せられてあります。

おふでさきには、

このもとハいさなきいゝといざなみの
みのうちよりのほんまんなかや　（十七号　6）

と仰せられ、人間創造の際、種・苗代《なわしろ》とおなりくだされたこの二柱の身の内のほんまん中の所が、すなわちぢばなのであります。

それは単に歴史的な地点として、このぢばが取り定められるのではなくて、もとよりこの地点であるが故に「なむ天理王命」のお宿りいただいている所なのであります。

私たちは教祖の身体《からだ》を神のやかたとしてもらいうけられ、教祖の口を通じて話されることは、みな親神様の思召であることを聞かしてもいただいておりますし、固く信じています。おふでさきの中にも

いまなるの月日のをもう事なるわ
くちわにんけん心月日や　（十二号　67）
しかときけくちハ月日がみなかりて
心ハ月日みなかしている　（十二号　68）

と仰せられているごとく、親神様のやかたとしての教祖は明らかでありますが、なにぶん人間の形をしていられた点もあり、教祖に授ける「なむ天理王命」をぢばに授けるとも聞かせていただいているのであります。してみれば、明らかにこのぢばは、人類創造の中心地点たる歴史的意味ばかりではなくて、その歴史的意義があるうえに、人類の親里であるとの理の上からして、人類の親神様たる天理王命様のおやかたでありまして、みかぐらうた第十一下り目のおうたに、

ひのもとしよやしきの　かみのやかたのぢばさだめ

と仰せられているごとく、神のやかたなるぢばという意味もはっきりおわかりになることと思います。

その尊きぢばの証拠として建てられるかんろだいでありますから、それにはま

た尊い親里のしるしとしての深い理のあることが感じられるのでありまして、

めつらしいこのよはじめのかんろたい
これがにほんのをさまりとなる　（二号　39）

このだいをどふゆう事にをもている
これハにほんの一のたからや　（十七号　3）

と仰せられた思召も悟らしていただけることと思うのであります。

かくてかんろだいは、人類創造の証拠として元なるぢばに建てられるのでありまして、教祖はこのかんろだいを取り囲んで陽気づとめをすることをやかましく仰せられています。

●かんろだいの形

以上によって、かんろだいの建設の理由《わけ》がおわかりになったと思うのでありますが、次にその台の形についてのおうたを拝誦させていただきます。おふでさきには、あまり書かれてはおりません。一例を話すと、

このだいをすこしほりこみさしハたし
三尺にして六かくにせよ　（九号　47）

このだいもたん〳〵とつみあけて
またそのゆへハ二尺四すんに　（九号　59）

そのうゑ、ひらばちのせてをいたなら
それよりたしかぢきもつをやろ　（九号　60）

のごとく、寸法にはくわしくは説かれてはありませんが、お聞きするところによりますと、

土台	径《さしわたし》三尺	高さ八寸	六角
第二段	〃二尺四寸	〃 〃	〃
第三段より第十二段まで	〃一尺二寸	〃六寸	〃
第十三段	〃二尺四寸	〃 〃	〃

その上に平鉢をのせる。

という形であります。しかしてその各段には、上から中心に深さ五分《ぶ》、径三寸の丸い穴をあけ、上の段よりそれにはまるほりを入れて造られるものであります。

元来教祖のお話によりますと、かんろだいは全部石で造ることをお命じになってあるのですが、今回の造らせていただいた台はその模倣のものとでも言いましょうか、全部木造でありますし、最上部の平鉢はのせてはないのでありますが、他の寸法には間違いなく、教祖のお話どおりの理を象《かたど》らしていただいたのであります。

なお、このかんろだいの建設については、常に教祖がお急《せ》き込みになっている

のであります。おふでさきの中にも、

これからハだん〲しかとゆてきかす
かんろふだいのもよふばかりを　（九号　46）

いま、でにいろ〲はなしといたるハ
このだいすへるもよふばかりで　（九号　48）

これさいかしいかりすへてをいたなら
なにもこわみもあふなきもない　（九号　49）

月日よりさしずばかりでした事を
これとめたならハがみとまるで　（九号　50）

と仰せられてあります。しかし明確には、その時期はお教えくださってないのであります。さらにおふでさきに、

このだいもいつどふせへとゆハんでな
でけたちたならつとめするぞや　（九号　53）

と仰せられておりまして、陽気づとめをお急きになるうえから、一日も早くかんろだいを建設せよと仰せいただいているように悟らしていただくのであります。

●かんろだいの歴史

最後にかんろだい建設の過去の歴史についてちょっとお話し申しておきます。

おふでさきに、

いまなるのかんろふだいとゆうのハな
一寸のしながたまでの事やで　（九号　45）

と仰せられていますが、これは明治六年、飯降伊蔵翁に命じてお作りになった木製のかんろだい雛型《ひながた》を意味されたものと思います。

次いで明治八年、ぢば定めがありましてから、この建設をお急きになりましたもので、明治十四年には石造りのかんろだい製作にかかられたこともありましたが、下から二段出来たのみで完成に至らず、そのうち十五年には建設半ばのこの台が没収され、教祖は非常に残念に思われ、第十七号の次のようなおうたに、その点が悟られるのであります。

それをばななにもしらさるこ共にな
とりはらハれたこのさねんわな　（十七号　38）
しかときけこのさきなるハとのよふな
かやしあるやらこれしれんでな　（十七号　39）
かやしても一寸の事とハをもうなよ
どんな事をば月日するやら　（十七号　41）
このはなしなんとをもうぞみなのもの
神のざんねんゑらい事やで　（十七号　42）

その後ぢばには板張りの模型を二段据えられたことがある以外、かんろだいの製作は、今回の雛型ながらもかんろだいを建てられるまではなかったのであります。

今や私たちは教祖の五十年祭と重ねて立教百年祭を迎えさせていただきまするこの機に及んで、ここに木造りのかんろだいを建てさせていただいたのでありますが、さてこの期をいかに悟らせていただけばよいのでありましょうか。

形のかんろだいが出来た、四方正面のおつとめ場所に近い二方より拝のできる礼拝場が出来た、と、すでに形に出来上がったもののみを見てうち過ぎてよいのでありましょうか。

世の伝うるところによれば、世界は一大危機に臨んでいると言われています。しかもこの時に私たちは心の立て替えを目標《めどう》として、立教百年祭を迎えさせていただこうとしているのであります。私はこれこそ道と世界の節が立て合っている時と悟らせていただくのであります。かくてこの私たちの信仰から申しましても、また世界並みの観察から申しましても、一大節を目睫《もくしょう》にひかえて、今日、親神様のお急き込みになったかんろだい、たとえ木造の雛型であるにせよ、その意義深いかんろだいを建てさせていただいたのでありまして、私たちは天理教徒として千載一遇のこの期に遭遇させていただいたことを喜ぶとともに、私たちのつとめもまた大きいことを悟らねばなりません。

（現代文に直しました）

おさしづに見る「かんろだい」

明治二十一年七月二十四日

本部神殿祀る所の伺

さあ〳〵始まり〳〵、かんろだい一条の始まり。

……一間四方天窓にして、……

明治二十一年十一月十一日

教会本部開筵式に付伺

第二、かんろだいの雛形の願

さあ〳〵かんろだい一条、これもさあ〳〵今までに世界の処《ところ》には埋《おぼ》れてある。さあ〳〵今までに一二という。雛形《ひながた》々々、さあ〳〵雛形は雛形、

……

明治二十二年四月十八日　午後十時

刻限御話

……さあ〳〵天理教会やと言うてこちらにも始め出した。……神一条の道は、これから始め掛け。……今までに伝えた話、かんろだいと言うて口説《くど》き口説き詰めたる。さあ〳〵これよりは速やか道から、今《い》んまにかんろだいを建てにゃならん、建てんならんという道が今にあるという。

明治二十四年二月二十日

かんろだいを御休息所の方へ御勤に付、持って行く事の願

さあ〳〵理を知らそ。かんろうだいというは、何処《どこ》にも無い、一つのもの。所地所何処へも動かす事は出来ないで。

明治三十一年七月十四日　夜

昨朝本席御身上御願い申し上げば、夜深に尋ね出よとの仰せに付願

……つとめ一条は出けず、かんろうだいも、世界分からんから取り払われた。あれでもう仕舞《しまい》

やと言うた日もあった。……かんゝろだいはいつの事と思う。つとめ一条の台にも勤めて居《い》るやろ。皆、話《はな》して居《い》るやろ。なれど、何《なん》やら彼《か》やら分からん。どうでもこうでも、かんゝろだい積み建てる〳〵。

明治四十年五月十三日

……（午前）二時刻限の御話

……さあ〳〵今度の普請、何処《どこ》からどうしましょう。建家《たちや》、予《かね》て言うてある。建家かんゝろだいを一つ芯《しん》として掛かり出す。……これ芯として計り出す。……

明治四十年五月三十日　午後十時

本席御身上又々激しく相成り、刻限の御諭

……ほんまと言うたらかんゝろだいはすっかり雨《あま》打《う》たしのものや。……

明治四十年五月三十一日　午前六時

本席御身上激しく苦痛に付、教長初め本部員一同出席の上刻限の御諭

……かんゝろだいの場という、今は学びして居《い》る。地《じ》から上へ抜けてあるもの。建家《たちや》の中へ学びさしたる。かんゝろだいは雨受けのもの。……

明治四十年六月四日

かんろだいの方は四方正面という事聞かして頂き居りますが、……

もう仮家《かりや》建《だ》てという台を出したる。一つ芯《しん》は動かす事出来ん。……

上段の間ろく地にさして頂きましたものでありますや

まあ今の処《ところ》建物《たちもの》、かんゝろだいは芯、大き広くは要らん。つとめさえ出来りゃそれでよい。……

北の上段の間順送りにさして頂きましたものか、外でゝも祀らして頂きますか願

……かんゝろだいというは、調子の違わんようにして置け。あれが台で、あれから始まったものや。

「かんろだい世界」とは

教祖に聞いた先人の話から

「この身上は、心遣いと日々の行いによって、いくらでも長く貸して頂けるのである。人間寿命は百十五歳、それ以上はめいめいの心によっていくらでも長く貸すとおっしゃる」

（『教祖より聞きし話・高井猶吉』）

「この道をどこまでもつけ通したら、百姓は蓑《みの》笠《かさ》要らず、雨が多ければ雨を預《あずか》ってやる。雨が欲しければ一村限り、一軒限り、一人限り。何時でもやるで。心次第」（山名初代会長夫妻自伝）

「雨がほしいと言えば夜分寝てる間に、月に六斎《さい》（＝定期的に月六回）に夜の雨が降る」

（板倉槌三郎談『神の名代』下）

「月に六斎の雨を降らし、風はそよ風を吹かすようになり、蓑笠要らん時がくるで」

（諸井政一『正文遺韻』）

「こ《子》ふ《を》おほしいと思ひハ《えば》、何時《いつ》成共《なりとも》。男子と思へ《え》ハ、男子。むすめの子と思へハ、女子。子ヲあづかりてくれとゆ《い》ふ《う》なら、いつまでなりと。たとゑ《え》年が七八十歳になりて、子供がほしいと思《おも》たなら何時成共。そふして、いつ迄《まで》も、やまづしなづに、よわりなきよの道ヲつけたいとの神のせき込《こみ》」

（『山田伊八郎文書』）

「人間の徳が進んで来ると、夫婦の中に子供は男一人女一人だけ授けるで。半日は陽気勤め、半日は陽気遊び」

（山名初代会長夫妻自伝）

「世界は一列兄弟である。この道をつけ通した

ならば、世界中どこへ行くにも、傘《かさ》も、提灯《ちょうちん》も要らず、日が暮れたら先に提灯がある。小遣銭《こづかいせん》もなくて通れる様になる」 (同)

「この道を弘めたら警察や裁判所は要らなくなり、国は穏やかに富み、且《か》つ栄え、唐《から》（＝この道の教えの伝わっていない地域のこと）も日本の地《じ》（＝教えの広まっている地域のこと）にするぞや」 (同)

おふでさきの中の「かんろだい世界」

にち〱にせかいの心いさむなら
ものゝりうけハみないさみでる (三号143)

だん〱とせかいの心いさむなら
りうけもろともみないさみでる (十号82)

またゝすけりうけ一れつどこまでも
いつもほふさくをしゑたいから (十二号96)

大一わりゆうけつくるをたすけたさ
こゑ一ぢよふをしへたいから (十三号60)

しんぢつの心しだいのこのたすけ
やますしなずによハりなきよふ (三号99)

このたすけ百十五才ぢよみよと
さだめつけたい神の一ぢよ (三号100)

そのゝちハやまずしなすによハらすに
心したいにいつまでもいよ (四号37)

またさきハねんけんたちた事ならば
としをよるめハさらにないぞや (四号38)

にち〱にはやくつとめをせきこめよ
いかなるなんもみなのがれるで (十号19)

これさいかたしかにしよちしたならば
むほんのねへわきれてしまうに (十三号49)

にんけんをはじめかけたるしよこふに
かんろふたいをすゑてをくぞや

このたいがみなそろいさいしたならば
どんな事をがかなハんでなし

それまでにせかいぢうをとこまでも
むねのそふぢをせねばならんで

（おふでさき　第十七号9～11）

ドキュメント　かんろだい物語

立教157年（1994年）10月26日　初版第１刷発行
立教164年（2001年）８月26日　第２版第１刷発行
立教186年（2023年）９月26日　第３版第１刷発行

編　者　天理教道友社

発行所　天理教道友社
〠632-8686　奈良県天理市三島町１番地１
電話　0743(62)5388
振替　00900-7-10367

TENRIKYO DOYUSHA

印刷所　株式会社天理時報社
〠632-0083　奈良県天理市稲葉町80

ISBN978-4-8073-0662-6

道友社ブックレット

TENRIKYO DOYUSHA

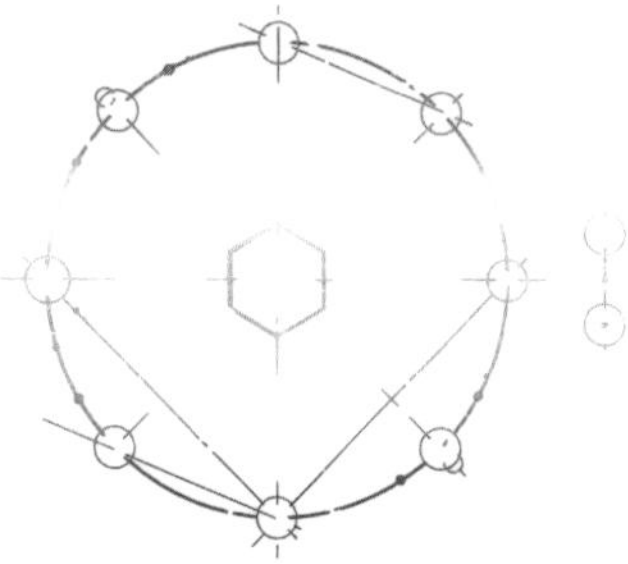

ISBN978-4-8073-0662-6
C3014 ¥500E

定価 550円［本体500円］

9784807306626

1920314005005